国家出版基金项目
NATIONAL PUBLICATION FOUNDATION

记住乡愁

——留给孩子们的中国民俗文化

刘魁立◎主编

第十辑 民间信俗辑

宣炳善◎编著

门神、财神与灶神

本辑主编 黄景春

黑龙江少年儿童出版社

序

亲爱的小读者们，身为中国人，你们了解中华民族的民俗文化吗？如果有所了解的话，你们又了解多少呢？

或许，你们认为熟知那些过去的事情是大人们的事，我们小孩儿不容易弄懂，也没必要弄懂那些事情。

其实，传统民俗文化的内涵极为丰富，它既不神秘也不深奥，与每个人的关系十分密切，它随时随地围绕在我们身边，贯穿于整个人生的每一天。

中华民族有很多传统节日，每逢节日都有一些传统民俗文化活动，比如端午节吃粽子，听大人们讲屈原为国为民愤投汨罗江的故事；八月中秋望着圆圆的明月，遐想嫦娥奔月、吴刚伐桂的传说，等等。

我国是一个统一的多民族国家，有 56 个民族，每个民族都有丰富多彩的文化和风俗习惯，这些不同民族的民俗文化共同构筑了中国民俗文化。或许你们听说过藏族长篇史诗《格萨尔王传》

中格萨尔王的英雄气概、蒙古族智慧的化身——巴拉根仓的机智与诙谐、维吾尔族世界闻名的智者——阿凡提的睿智与幽默、壮族歌仙刘三姐的聪慧机敏与歌如泉涌……如果这些你们都有所了解，那就说明你们已经走进了中华民族传统民俗文化的王国。

你们也许看过京剧、木偶戏、皮影戏，看过踩高跷、耍龙灯，欣赏过威风锣鼓，这些都是我们中华民族为世界贡献的艺术珍品。你们或许也欣赏过中国古琴演奏，那是中华文化中的瑰宝。1977年9月5日美国发射的"旅行者1号"探测器上所载的向外太空传达人类声音的金光盘上面，就录制了我国古琴大师管平湖演奏的中国古琴名曲——《流水》。

北京天安门东西两侧设有太庙和社稷坛，那是旧时皇帝举行仪式祭祀祖先和祭祀谷神及土地的地方。另外，在北京城的南北东西四个方位建有天坛、地坛、日坛和月坛，这些地方曾经是皇帝率领百官祭拜天、地、日、月的神圣场所。这些仪式活动说明，我们中国人自古就认为自己是自然的组成部分，因而崇信自然、融入自然，与自然和谐相处。

如今民间仍保存的奉祀关公和妈祖的习俗，则体现了中国人崇尚仁义礼智信、进行自我道德教育的意愿，表达了祈望平安顺达和扶危救困的诉求。

小读者们，你们养过蚕宝宝吗？原产于中国的蚕，真称得上伟大的小生物。蚕宝宝的一生从芝麻粒儿大小的蚕卵算起，中间经历蚁蚕、蚕宝宝、结茧吐丝等过程，到破茧成蛾结束，总共四十余天，却能为我们贡献约一千米长的蚕丝。我国历史悠久的养蚕、丝绸织绣技术自西汉"丝绸之路"诞生那天起就成为东方文明的传播者和象征，为促进人类文明的发展做出了不可磨灭的贡献！

小读者们，你们到过烧造瓷器的窑口，见过工匠师傅们拉坯、上釉、烧窑吗？中国是瓷器的故乡，我们的陶瓷技艺同样为人类文明的发展做出了巨大贡献！中国的英文国名"China"，就是由英文"china"（瓷器）一词转义而来的。

中国的历法、二十四节气、珠算、中医知识体系，都是中华民族传统文化宝库中的珍品。

让我们深感骄傲的中国传统民俗文化博大精深、丰富多彩，课本中的内容是难以囊括的。每向这个领域多迈进一步，你们对历史的认知、对人生的感悟、对生活的热爱与奋斗就会更进一分。

作为中国人，无论你身在何处，那与生俱来的充满民族文化DNA的血液将伴随你的一生，乡音难改，乡情难忘，乡愁恒久。这是你的根，这是你的魂，这种民族文化的传统体现在你身上，是你身份的标识，也是我们作为中国人彼此认同的依据，它作为一种凝聚的力量，把我们整个中华民族大家庭紧紧地联系在一起。

《记住乡愁——留给孩子们的中国民俗文化》丛书，为小读者们全面介绍了传统民俗文化的丰富内容：包括民间史诗传说故事、传统民间节日、民间信仰、礼仪习俗、民间游戏、中国古代建筑技艺，民间手工艺……

各辑的主编、各册的作者，都是相关领域的专家。他们以适合儿童的文笔，选配大量图片，简约精当地介绍每一个专题，希望小读者们读来兴趣盎然、收获颇丰。

在你们阅读的过程中，也许你们的长辈会向你们说起他们曾经的往事，讲讲他们的"乡愁"。那时，你们也许会觉得生活充满了意趣。希望这套丛书能使你们更加珍爱中国的传统民俗文化，让你们为生为中国人而自豪，长大后为中华民族的伟大复兴做出自己的贡献！

亲爱的小读者们，祝你们健康快乐！

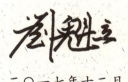

二〇一七年十二月

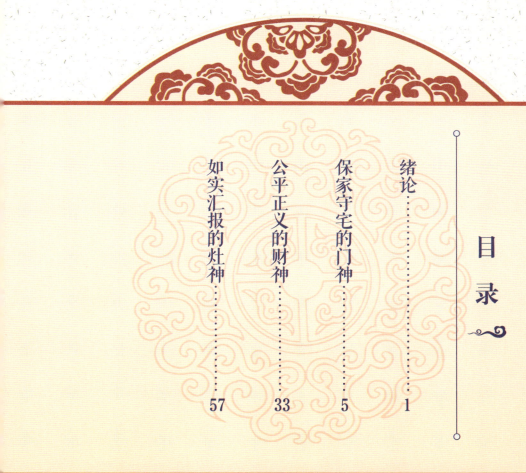

目 录

绪论

| 绪论 |

中国的门神、财神与灶神为广大民众提供安全感与获得感，降低生活风险，与中国的家庭生活密切相关。古人说的"举头三尺有神明"，讲的也是人在生活中需要有敬畏感，而这种敬畏感与民众的感恩文化心理息息相关。有感恩文化心理的人，才有对神灵的敬畏感。

门神保家守宅，在为民众提供文化心理上的安全感的同时，也彰显了门神的道德品格，即忠心耿耿保卫家庭的安全。

财神分为正财神与偏财神两大类型。正财神保佑民众获得正义之财，而非不义之财。君子爱财，取之有道。君子并非不爱财，而是强调财富的获得应符合公平正义。正财神是中国人财神信仰的主流，偏财神则不然。因为偏财神是发横财，也就是意外之财之神，这与中国传统美德中勤劳致富的精神相冲突，所以不是获得财富的正道。因此，偏财神的道德人格就要低一些。但在中国人的文化传统中，也不否定偏财神的存在，偏财神是对正财神的补充与完善。正如一个现代人的一生中，除了工资收入，也可能会有其他财产收入。获得财富之后，最重要的是培养良好、平和的财富观，既不盲目排斥财富，也不疯狂占有财富，这也是中国财神之所以被创造出来的根本原因，它体现了中国人对财富的道德认知。

灶神负责其主管的家庭每一年的年度道德总结与汇报，最后由玉皇大帝决定该家庭是否有福神降临，因此，灶神具有十分突出的道德意识。

中国的门神、财神的神灵序列有一个共同的特征，就是均有文武之别，这是中国职官制度在信仰领域的反映。中国门神分为文门神与武门神，在民间以武门神为主。传统的门神均为男性形象，但在浙江温州出现了别具一格的女门神。财神也分为文财神与武财神，在中国的财神系列中，均为男性财神。另外，门神、财神往往是重合的，如关公既是门神，也是财神。灶神则没有文武之分，主要是性别区分，即男性灶神与女性灶神。一般男性灶神可以独立存在，而女性灶神往往与男性灶神一起被供奉，在民间一般被称为灶王爷与灶王夫人。

门、金钱与灶都是物质存在，它们为民众生活提供保障便利，有功于民众，于是民众为之感恩并祭祀它们，希望得到它们的持续保佑，于是就有了中国的门神、财神与灶神这一神灵系列。

保家守宅的门神

| 保家守宅的门神 |

一、捉鬼门神：神荼、郁垒、钟馗

门神是看家保平安的守护神，人们将门神贴在门上，用来驱邪避鬼、保卫家宅。北方的四合院有"大门不出，二门不迈"的说法。传统的四合院，大门由东西两扇门组成，而大门上通常贴的是一对武门神。东侧门通常贴秦琼像，西侧门一般贴尉迟恭像，二门上贴的则多为一对文门神，如天官与梁颢。门上贴文武门神，象征这户人家的子孙文武双全。一般是在大年三十早上就贴门神，意味着将鬼怪封在门外，不让鬼怪进门。

在介绍门神之前，首先要了解一下汉字中"门"与"户"的关系。东汉许慎《说文解字》记载："半门曰户。"意思是说，户是门的一半，单扇的门就是户，而门才是一个整体。"门"往往是地位显赫的大家族的象征，如唐代诗人杜甫《自京赴奉先县咏怀五百字》一诗中"朱门酒肉臭，路有冻死骨"一句。这里的"朱门"就是指代世家大族，不是一般的大户人家。汉语中的"大户人家"，其实指的还是平民家庭，不是贵族。成语或俗语中的"书香门第""豪门""名门正派"

"名门望族""得意门生""双喜临门""开门见山""开门七件事——柴米油盐酱醋茶""三过家门而不入""程门立雪""自立门户""闭门思过""班门弄斧"等关于"门"的成语或典故，都是对家庭、家族或者群体的整体认知的表达。汉语成语中"足不出户""夜不闭户"这样的表述实际是说"不用走出一扇门，不用关上一扇

门"的意思。在汉语中，因为"门"大于"户"，而汉语表达习惯就是大的词语在前，小的词语在后，所以成语"自立门户"就不能说成"自立户门"，成语"门户开放"也不能说成"户门开放"，成语"门当户对"也不能说成"户对门当"。

从甲骨文到楷书，"门"字的形态就是左右两扇对开的空间分布，因此门是左右对称的空间布局。古代的门都分为两扇，分为左门与右门。

一般情况下，左门在东，右门在西，在左门与右门上，可以贴上不同的门神图案，于是门神也是对称分布的。由于中国传统的门呈左右对称的空间格局，所以中国的门神一般都是成双成对出

| 左右对称的门 |

现，如神荼、郁垒这一对捉鬼的门神，或秦琼、尉迟恭这一对武将门神。但在当代社会，由于家庭人员数量减少，一家三四口人成为社会的常态，因此门也越来越小，由原来的双扇门变成了现在的单扇门，现在要贴传统的成双成对的门神已经没有空间了，因为只有一扇门，所以现在通常只能贴钟馗这样的单一门神了，或者就贴一个"福"字，用来表示福神到了，其实也是表示门神。在中国，许多神灵的文化身份是可以互相转换的，如关公既是财神，也是门神。

明白了"门"与"户"的关系，即"门"大于"户"，就可以明白成语"门当户对"的建筑学意义。从建筑学意义上讲，"门当"本来是指

｜当代贴福字的单扇门｜

豪门大宅前置于地上的一对石鼓，民间也称为"抱鼓石"。因为鼓声威严响亮，如雷鸣一般，民众就认为鼓声会使鬼怪害怕，起到避邪的作用，于是民间就一直用石鼓表示门当。在中国上古的黄帝战蚩尤的神话传说中，一开始黄帝打不过蚩尤，后来他想到了用鼓。夔是一种只

有一只脚的牛，十分神奇，于是黄帝就用夔的皮做成战鼓，在战场上敲夔皮鼓，声震五百里威慑蚩尤。在其他神灵的协助下，黄帝最终战胜了蚩尤，由此可见鼓的巨大威力。鼓在民俗中具有沟通天地、震慑对手的强大力量。因此，中国最早的门神其实就是门前的一对石鼓，也是对有地位的世家大族的保护，只是石鼓形式的门神还没有被人格化，还没有产生人格化门神。在北方的四合院传统建筑中，现在还能看到在地上的门当以及在门楣上的户对。北方建筑中盛行的房屋墙脚边上的"泰山石敢当"的设置其实也是一种门当。从某种意义上说，门当也是门神，只是没有以神灵的形象出现。门当的作用相当于把鬼怪挡在门外，使其不能进入主人的房子，从而保护主人家的安全。

"户对"则是置于门楣上或门楣双侧的木雕，一般为短圆柱形，或者方形，象征人丁兴旺，"户对"是突出的，与地面平行。后来，"门当户对"这个成语逐渐演变成为意指在婚姻关系中，男女双方的社会地位相等或者相近。

了解了门与户的关系，

| 有门当与户对的浙江浦江郑氏祠堂 |

那么，与之相关的人格化的门神是什么时候出现的呢？人格化的门神就是指门神有了具体的形象，并且与人的形象有相似之处。人们总是以自己的形象去想象门神，这样人格化的门神就出现了。顾名思义，当然是先有门，而后才有门神。门的存在为人们提供了相对的安全感。每次回家，只要关上门，心里就会感到很安全，这是人之常情，并且门有功于民众，这也为门神的诞生提供了感恩的文化心理的基础。

门神的出现首先与中国建筑的发展有关。战国时期的韩非子在《五蠹》篇中写道："上古之世，人民少而禽兽众，人民不胜禽兽虫蛇。有圣人作，构木为巢，以避群害，而民悦之，使王天下，号曰'有巢氏'。"也就是说在原始社会，我们的祖先过着穴居野外的生活，深受蛇虫鼠害的困扰，这时出现了一个伟大的建筑家，名叫有巢氏，他用木头建造了房子，这就出现了房子这样的木结构建筑。当然，最早的"构木为巢"可能是在树上建一个房子，这样远离地面，也相对安全，后来逐渐在地上建造房子，因此，门的存在就十分重要。

木质结构的门有着沟通内外和分割、封闭空间的作用。关门用以守卫，保障安全；开门用以迎接客人与幸福吉祥。门成为日常生活中守卫家庭成员和财产安全的一道屏障，也成为古代相信万物有灵的祖先们敬重的对象。在万物有灵论的时代，人们相信万事万物都有其灵魂，并通过相应的神来表现，如门神、井神、灶神、财神、水神、山神等，而且众神各有所司，各自掌管其分内之事。

到了周代，对于门的崇拜就上升为一种礼制，并有了五祀的礼俗，其中就有对门神的祭祀，而且还区分门与户，这说明门与户的重要性。

| 年画中的神荼与郁垒的方正形象 |

在汉代，人格化的门神终于出现，"门神"这一说法应运而生，并被赋予具体形象和名称。

画门神的风俗最早可追溯到汉代以前。汉代王充的《论衡·订鬼篇》记载东海的度朔山上有一棵大桃树，树枝长达三千里，树枝的东北面有一个鬼门，是所有的鬼出入的地方。在鬼门边上有两个神守卫着，就是神荼和郁垒，他们的职责就是管理所有的鬼。凡是害人的恶鬼，就把它们抓起来，用苇索捆住，丢给老虎吃掉。后来黄帝制作礼仪，就在门上画上神荼、郁垒与虎，表示门神驱鬼。另外，在这段话里，可以看出桃树及桃枝在古代有避邪的作用。由此可见，早期的门神并不是将门神画贴上去的，而是画上去的，这也成为门神年画最早的来源。

南朝梁代宗懔《荆楚岁时记》引《括地图》也记载桃都山上有棵大桃树，盘旋弯曲长达三千里，树上有一只金鸡，只要太阳照在树上，金鸡就会叫。桃树下有两个神人，一个叫郁，一个叫垒。他俩手里都拿着苇索在观察那些行为不端、为害作恶的鬼怪，抓到了就将其杀死。东汉应劭的《风俗通义》记载，据黄帝时的文字记载，上古时有兄弟二人，一个叫荼，一个叫郁，住在度朔山的大桃树下面，专门察管各种鬼怪，如有鬼魅胆大妄为，伤害人类，就用苇索捆住，抓去喂老虎。

民间传说神荼、郁垒容

貌凶恶丑怪，但没有固定容貌的画像。所以更多的地方以桃符代替。

民间传说则认为，相传远古时期，神荼与郁垒是兄弟，神荼是哥哥，郁垒是弟弟。兄弟俩都擅长捉鬼，如有恶鬼出来骚扰百姓，神荼与郁垒就将其擒伏，并将其捆绑后喂老虎。后来人们为了驱恶鬼，就在门上画神荼、郁垒，左扇门上叫神荼，右扇门上叫郁垒。在民间，关于神荼、郁垒门神的左右位置与文献上的记载不相同，历史上有不同的说法，实际上体现了不同民众差异性的文化想象。这也说明，在唐宋时期，桃符上的神荼或郁垒的形象，还是任人想象，可以自由创作的，或直接以汉字代替。

可见，唐宋时期门神的形象还是比较模糊的。如宋代王安石的《元日》记载："爆竹声中一岁除，春风送

|浙江泰顺用汉字书写的神荼门神|

暖入屠苏。千门万户曈曈日，总把新桃换旧符。"可见，在北宋时期，是在门上挂上桃木板的桃符，而北宋的桃符也具有门神避邪的功能。

如果说神荼与郁垒是传说中的神，其形象十分模糊不确定，那么另一位门神钟馗就是有一定历史依据的。

唐宋时期，也是新的门神产生的时期。这一时期有一个重要的捉鬼的神产生了，这就是钟馗。钟馗本来不是门神，只是捉鬼的神，但后来也慢慢变成了门神。特别是在家庭人口规模缩小的当代，钟馗成为主要的门神代表之一，而在祠堂寺庙一类的公共建筑中，门神则还是以成双成对的形象出现为多。

根据宋代沈括《梦溪笔

谈·补笔谈》卷三记载，有一年唐玄宗在长安骊山巡视军队后，回到宫中就生病了。病了有一个多月，太医们都看不好。有一天晚上，唐玄宗在宫中昏昏睡去，梦到了一大一小两个鬼。小鬼穿着红色的衣服，光着一只脚，小腿上还吊着一只草鞋，拿着扇子，样子十分奇怪。这个小鬼拿走了杨贵妃的香袋和自己的玉笛，还在殿中跑来跑去。这时戴着帽子、穿着蓝衣服的大鬼，突然露出粗壮的大手臂，一把就抓住了小鬼，并且把小鬼吃了。唐玄宗十分吃惊，就问这个大鬼的来历，那大鬼恭恭敬敬地说道："皇上，我就是钟馗，我虽然参加武举人考试失败了，但因为感激皇上的厚葬之恩，特来报答保护

皇上。"当唐玄宗醒来的时候，他的病好了。

于是唐玄宗就让画工吴道子依照梦境把钟馗形象画出来。吴道子仿佛亲历梦境一般，把钟馗惟妙惟肖地画了出来。唐玄宗看着捉鬼的钟馗画像，赞不绝口，赏给吴道子一百两黄金，还下旨将吴道子画的钟馗捉鬼图刻版印刷，让大家都知道钟馗的神威。

按照民间传说，钟馗曾

15

参加当时的武举考试，并获得成功。在宫殿上武举人们排队等待唐玄宗接见时，发现钟馗长得实在是太丑了，

简直无法让人忍受，就当场取消了钟馗的武举人资格。没想到这个钟馗是个很有个性的人，为了抗议这种以貌取人的不公正做法，当场就撞死在殿堂的大柱上，唐玄宗觉得自己做事太过分了，很是后悔，于是就下令厚葬钟馗。在唐代，由于唐玄宗这个神奇的梦，钟馗变成了驱鬼降妖的神灵，除夕之夜，都要在家里悬挂钟馗像保平安。

明清时期，钟馗像就贴在门上，变成了门神，特别是在端午节期间。不同于神荼、郁垒的相对模糊不确定的形象，钟馗的形象较为固定，并且十分生动而富有冲击力——头戴乌纱帽，脚着黑朝鞋，身穿大红袍，一手执剑，一手捉鬼，怒目而视，

一副威风凛凛、正气凛然的门神模样。

二、武将门神：秦叔宝、尉迟恭

捉鬼门神与人们的鬼神信仰有关，人们希望门神可以将恶鬼挡在门外，这样恶鬼就进不了家门，就可以保一家的平安。到了唐代以后，门神的类型逐渐变得丰富起来，忠心耿耿、具有正义感的武将们开始加入门神的队伍。这些门神除了武艺高强，还要求为人忠厚耿直，能保家护宅。这样，隋末唐初的两位大将——秦琼、尉迟恭也就逐渐被民众认同为门神。

秦琼，字叔宝，山东人。他原是隋朝将领，之后曾在王世充手下担任大将军一职，因为看到王世充为人

厦门曾厝垵海福宫的门神秦琼形象

奸诈，具有正义感的秦琼无法忍受王世充的小人行为，于是投奔唐高祖李渊，后来秦琼一心为李渊的儿子李世民效力。李世民打仗时，经常用秦琼作为先锋，秦琼为唐朝的建立立下赫赫战功。

尉迟恭，字敬德，山西

人。他面如黑炭，一脸黑色大胡子。尉迟恭以前也是隋朝将领，后来投奔唐高祖李渊。尉迟恭小时候以打铁为业，臂力过人，擅使铁鞭，武艺高超，而且更重要的是，尉迟恭对李世民忠心耿耿。

在历史上，李渊的儿子李建成为稳固自己的皇位继承权，与齐王李元吉结交，两个人共同反对李世民，李建成想用重金收买尉迟恭，结果被尉迟恭拒绝。这也说明了尉迟恭对李世民的忠心，后来在战场上，尉迟恭还多次救了李世民的性命，是李世民的救命恩人，也是唐朝的开国大功臣。

正因为秦琼、尉迟恭武艺高强，而且都忠心耿耿，这就为后来他们两人成为门神奠定了道德基础。

民间一直流传武将门神秦琼、尉迟恭守卫唐太宗李世民的传说，而且这一传说与《西游记》有关。

《西游记》第九回"袁守诚妙算无私曲，老龙王拙计犯天条"与第十回"二将军宫门镇鬼，唐太宗地府还

| 厦门曾厝垵海福宫的门神尉迟恭形象 |

魂"中对此有详细记载，其主要故事情节如下：袁天罡的叔父袁守诚卖卦，能够推算出泾河水族的位置，指点百姓捕鱼，这让泾河龙王十分愤怒，于是他化作一名白衣秀才，去长安城寻找袁守诚，想要找他麻烦。泾河龙王找到袁守诚后，与之打赌，让袁守诚推算第二天降雨的时间点数，如果出错了，便要将他赶出长安城。泾河龙王回去后不久，玉皇大帝果然降下圣旨，要求泾河龙王明日降雨，时间和点数竟然与袁守诚推算的一点儿也不差。泾河龙王大吃一惊，可是他不服输，便暗中修改了下雨的时辰点数，结果触犯天规，被天庭知道了，玉皇大帝大怒，要问斩泾河龙王，并且命令魏徵为监斩官。

泾河龙王为求活命，于是只好向唐太宗李世民求情，希望他想办法拖住魏徵，保住自己的性命。唐太宗就答应了，并主动宣召魏徵与自己对弈来拖住对方，中途还不让魏徵离去。可是魏徵下着下着，就闭上了双

| 浙江遂昌民居门上的秦琼像与财神合二为一 |

19

眼，打了一会儿盹，但他的灵魂已经升天，并将泾河龙王给斩了。泾河龙王死后，埋怨唐太宗言而无信，于是魂魄不散，当天夜里就在宫外呼喊讨命，弄得唐太宗晚上睡不着觉。第二天早朝，唐太宗将此事告知群臣，于是大将秦琼出班上奏，说自

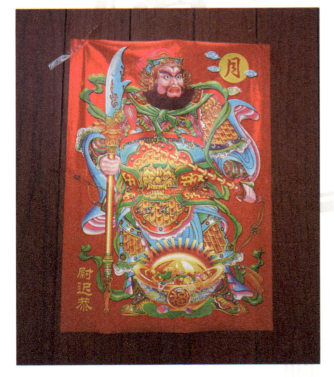

己愿与尉迟恭一起，身穿盔甲、手执兵器立在门外日夜守卫，唐太宗答应了。那一夜，秦琼和尉迟恭站在门外守卫，果然一夜无事。可是，秦琼和尉迟恭天天熬夜在前门守卫也吃不消，于是唐太宗想了一个办法，让丹青名家画下他们的真容，贴在寝宫门上，此后果然前门夜夜无事。秦琼和尉迟恭把守宫门一事，在《西游记》第十回被概括为"英雄豪杰旧勋臣，只落得千年称户尉，万古作门神"。

民间百姓得知此事后，上行下效，就把秦琼和尉迟恭当成了新的守门神，每逢过年，就在门上贴上两人的画像，一位手执钢鞭的门神是尉迟恭，而另一位手执铁锏的门神则是秦琼。两位门

神雄赳赳、气昂昂，保家护宅，在民间一直流传至今。

这些夸张、生动而又极具传奇性的故事在民众一遍遍的讲述中演变成民众信奉的心理事实，秦琼、尉迟恭两人忠义勇武的武将形象无疑十分适合转型为门神，于是他俩成为中国流传最广、影响最大的门神。明清时期，老百姓在自家大门上张贴尉迟恭和秦琼画像的做法逐渐成了一种风俗。清代顾禄的《清嘉录·门神》中有确切的记载："夜分易门神。俗画秦叔宝、尉迟敬德之像，彩印于纸，小户贴之。"其中的秦叔宝即秦琼，尉迟敬德即尉迟恭。

武将门神中除了最为流行的秦琼、尉迟恭，还有一些极具地方性的门神，如西

北地区的方弼、方相兄弟。方弼、方相兄弟成为门神，也与他们的忠义有关。

陕西凤翔的木版年画有一对门神与众不同，他们是方弼、方相兄弟，也是《封神演义》中的人物。方家兄弟是殷商朝歌的镇殿大将军，也就是守宫门的将军，曾吓阻狐狸精化成的妖女妲己。后来残暴的纣王又要杀自己的两个儿子殷郊、殷洪，于是方家兄弟出手救出两位

殿下，反出朝歌。《封神演义》第八回"方弼方相反朝歌"说的就是两兄弟的正义忠烈之事。书中说这兄弟二人"方弼身长三丈六尺，方相身长三丈四尺"，铁塔一般，力大勇猛，是一对正气浩然的忠烈汉子。正如小说中的武成王黄飞虎所言，守宫门的将军，地位自然卑微，但位卑未敢忘忧国，方弼、方相为救两位殿下反出朝歌，确

是一腔忠义，而且是最早反出朝歌、与荒淫无道的暴君纣王决裂之人。

方弼、方相兄弟自古就被西北民间誉为"把门的将军"，也是早期以真人真名而命题所画的门神。西北民间选他们做门神，也与其忠义感人、一身正气有关。

从总体上说，唐代以后武将成为门神其实也是有标准的，第一是武艺高强，第二就是道德意义上的忠心耿耿。所以，在中国历史上，如三国时期的吕布虽然武艺十分高强，但却永远也不可能成为门神，就是因为吕布朝三暮四，不够忠诚，无法担当保家守宅的重任，也就无法得到民众的信任。所以，武将门神问题，表面上看好像是信仰问题，其实更多与

浙江兰溪民居中的"忠"字

民众的信任有关。只有得到民众的充分信任与认同，才有可能成为武将门神。

还有一些男性武将，由于性格刚直不阿，具有正义感，也被列为门神。如温州龙港市五显殿就绘有唐代的程咬金和杨林的门神形象：程咬金在西，右手执板斧；杨林在东，左手执铁棍。

另外，除了男性武将门神，一些地区还出现了女性武将门神。在浙江温州一带的娘娘庙中，为娘娘庙守门的一般是樊梨花与薛金莲，这是一种特别的文化现象，体现中国门神系列中的性别平等意识。如中国的通俗历史演义小说《薛丁山征西》一书中，描述大唐名将薛仁贵之子薛丁山征西的历史故事，并描绘了一对有名的女

| 温州苍南县望里镇太阴宫的女门神：樊梨花与薛金莲 |

性武将，即樊梨花与薛金莲，其中樊梨花是薛丁山的妻子，薛金莲是薛丁山的妹妹。温州人在历史上一直供奉陈十四娘娘或者妈祖，这两位女性神灵都是从福建传入浙江，而在温州苍南县望里镇太阴宫的一对女门神系列中，樊梨花画在门的东面，左手执刀，薛金莲画在门的西面，右手执矛。

三、文官门神：梁颢、天官、福神

宋代以后，除了武将门神，还出现了文官门神，这与宋代特别重视文化教育、推行儒家理学思想的文官之治有关。如果说唐代是一个十分开放、强调民族融合交流的时代，那么宋代就是一个特别重视文化教育与儒家伦理的时代。在宋代，文官浓墨重彩登上历史舞台，并且进入门神行列，丰富了中国人对门神系列的进一步文化想象与认知。因为门神如果只会捉鬼，或者只会像秦琼和尉迟恭一样忠心耿耿地看家守宅，那么门神的文化功能就太单调了，人们希望新的门神能给家家户户带来大好前程，而在宋代，文官成为门神就顺理成章了。因为在中国历史上，特别是宋代以后，文官的地位一直高于武将，因此，文官成为门神也就可以理解了。特别是在科举时代，人们更重视进士考试，渴望求取功名，光大门楣。

宋代以后的文官门神中最有名的是梁颢和天官、福神。梁颢成为门神是因为南宋的《三字经》与明代冯惟敏杂剧《梁状元一世不服老》以及民间占卜系统广泛使用《梁颢登科》的原因。天官成为门神，则是中国的本土宗教道教的原因。而福神成为门神则是因为在民间信仰中，中国人对福文化的执着追求。

成书于南宋时期的《三字经》由于后来成为中国重要的蒙学读物，社会普及面广，而在国学的启蒙教育中扮演着重要的作用。

《三字经》中记载：

｜浙江遂昌祠堂门上的文官门神｜

"若梁灏，八十二，对大廷，魁多士。彼既成，众称异，尔小生，宜立志。"

说的是宋朝有一个叫梁灏的人，他在82岁时才考中状元，在金銮殿上，梁灏对皇帝提出的问题对答如流，所有参加殿试的学子都不如他。梁灏这么大年纪了，还能获得成功，这不能不使大家感到惊讶与敬佩。人应该趁着年轻的时候立定志向，像梁灏一样努力学习，活到老、学到老。

在历史上，梁灏确有其人，但并不是82岁才考上状元，而是在23岁就考上了状元。梁灏，公元963年出生，1004年去世，只活了41岁。梁灏初次考进士没有考中，后来在雍熙二年（985年）再度赴考，在宋太宗的御试时，考取第一名，当时才23岁，也可算是青年才俊。但是《三字经》则对这一历史进行了艺术加工，变成像传奇小说一样吸引人。历史上确有梁灏其人，一般认为，《三字经》中的梁灏就是历史上的梁灏。

到了明代，冯惟敏的杂剧《梁状元一世不服老》又进一步强化了梁灏82岁中状元的神奇情节。《梁状元一世不服老》讲述梁灏数十年致力于科举应试，求取功名的人生励志故事。说梁灏屡考屡败，屡败屡考，终于82岁那年大器晚成，状元及第。民间还传说梁灏的儿子梁固先考上状元，后来父亲梁灏也决心考上状元，最后父子俩均成为状元的人生佳话。

清朝吴敬梓《儒林外史》第二回《王孝廉村学识同科周蒙师暮年登上第》中也引用了梁颢中状元的传说，讲顾老相公请塾师周进先生来教儿子时，先办敬师酒，后唱戏，唱的就是梁颢82岁中状元以及梁颢的学生十七八岁就中了状元的故事。

在《儒林外史》中，除了梁颢82岁中状元，又加上了梁颢的学生十七八岁就中了状元的新的故事情节，可见民众丰富的文化想象力。虽然梁颢82岁中状元的传奇情节与历史不符，但这不妨碍民众相信这个神奇的故事，因此，文官门神梁颢的出现，实际上是宋代以后的中国人对于科举考试的敬重，民众需要有一个82岁中状元的人生励志故事激

|厦门曾厝垵海福宫的文官门神|

励他们求取功名，因此，梁颢成为门神无关历史真实与否，而是民众文化心理的需要，也是民众强烈的文化认同心理的作用。民众需要读书成功的励志神灵，于是82

岁中状元的梁颢人生励志故事就被创造出来，鼓励民众持续求取功名，于是梁颢也就成为文官门神。四川绵竹年画中有一位白须文官，就是宋代的梁颢。民间传说，梁颢82岁中状元，所以将梁颢画成白须皓首的文状元形象。四川绵竹年画现在被列入国家级非物质文化遗产名录，属于传统美术类非物质文化遗产，而四川绵竹年画的主要题材就是门神画，其中包括文门神与武门神。

天官成为门神，则是因为中国道教的三官信仰。民间一直有天官、地官、水官的三官之说。中国有很多地方现在还保留着三官庙，三官之中，天官最大，特别是民间有"天官赐福"的信仰，认为天官会给民众带来福气。

因为天官始终是一个文官的打扮，而且以宋代官员的服饰为模型，因此，天官在中国南方地区十分流行，也在一定程度上体现了中国人对上天的敬畏之心。也正

| 年画中的天官赐福的天官形象 |

是在这个意义上，天官成为门神也就水到渠成，体现了中国人对"福文化"的执着追求，而且与福神也关联在一起。

在福、禄、寿、喜的民间观念中，"福"字居首，体现中国人对人生的追求与理解，福文化可以说是中国人人生观的最高境界。

在中国，衡量一个人的一生是否圆满，一个主要文化指标就是在晚年是否有福气。

中国自古就有"五福"之说，《尚书·洪范》释"五福"为："一曰寿，二曰富，三曰康宁，四曰攸好德，五曰考终命。"意思是说，五福就是指长寿、富裕、安定、道德高尚、寿终正寝这五种人生美德。《礼记·祭统》

| 浙江遂昌民居门上的福字门神 |

中也记载："福者，备也。"意思是说一个人的人生非常圆满完备。在《尚书》中，也多次提到"五行""五纪""五事"等概念，可见在战国时期，福文化就与五行信仰结合在一起，并体现

29

｜厦门曾厝垵民居倒贴的福字门神与五福临门｜

利用谐音的方法，将"福"字倒过来贴，表示福到这户人家了。其实，真正的意义不只是"福到了"，而是指"福神到了"。因为"福"不只是一个汉字，在这里，"福"字实际上是指福神。在中国的剪纸中，倒过来的"福"字边上还有祥云作为点缀，这说明，福神是从天上腾云驾雾来到人间，来到这户人家。特别是在过年的那一天，许多汉族人家会在门上写上"迎春接福"四个字，其实这是一个省略的词汇，全称是"迎春接福神"，人们只有把福神接进家，这个年才算过了。福神在民间的信仰中，可以作为门神存在，也可以进这户人家保佑这户人家，这全凭个人的不同理解，也就是说，民间信

为五福的文化形式。正是依据这一五福文化传统，2008年北京奥运会就设计了五个福娃作为中国文化的象征。

许多中国人将"福"字贴在门上，有的还倒过来贴，喻义"福到了"。这当然是

仰是有个人差异的，也是有家庭差异的。

在山东潍坊的杨家埠年画中，有大量三星门神的图案。三星门神的说法来自"三星高照"的传统，即福、禄、寿三星。三星门神就是指福星门神、禄星门神、寿星门神，而且在三星门神之中，地位最重要的是福星，所以排在第一位，而且在画面上，福星门神占据最大的位置，是三星门神中的主角。

当然，只有行善积德的人家才有资格接福神，即"厚德载福"，强调的是有德才有福。成语"厚德载物"与"厚德载福"，其实都强调道德的作用，在台湾，很多地方都有将"厚德载福"作为对联主题的文化传承。

道德是第一位的，福神不是想请就能请来的。福神进不进这户人家，为不为这户人家看家守院，是由这户人家有没有道德决定的，也

山东杨家埠木版年画中的三星门神

|台湾金门古
宁头村的门上
对联|

是由这户人家的灶神在天上的汇报情况决定的，也就是说，福神、灶神、天官这三个神其实都是互相关联的。

公平正义的财神

| 公平正义的财神 |

一、武财神关公

在民间的武财神之中，最具有代表性的一位是关公，另一位就是赵公明。这两位武将能成为财神，除了当政者的大力宣传以外，也与他们对财富持超然的心态有关。也就是说，他们把财富看得很淡，金银财宝，生不带来，死不带去，人的一生关键是要活出道德境界来，或是情义，或是仁义，或是正义，关公与赵公明都做到了这一点。

关公本是武将，却变成了中国的财神，这其实与曹操有关，也与历代统治者对其推崇有关。建安五年，刘备与关羽失散，刘备只好投奔袁绍，关羽因为找不到刘备，迫于形势只好在曹操手下有条件地暂且寄居。曹操先是拜关羽为偏将军，而当关羽斩了颜良后，曹操更是表奏朝廷，封关羽为汉寿亭侯。因为曹操怕关羽一心要去投奔刘备，于是对关羽重加赏赐，赠金银无数，还把赤兔马送给了他，想以此来笼络关羽。民间传说曹操赏赐关羽的程度到了"上马一锭金，下马一锭银"的程度——这当然是民间贫穷的老百姓对财富的可爱想象。民间认为，关羽这个人是有极大的财运的，至少在曹操这儿就得了无数的金银，虽然最后大部分都还给曹操了，但关羽的财运却为民间百姓所羡慕。在中国历史上，又有谁能像关羽一样享受"上马一锭金，下马一锭银"这样刹那间的财富增值呢？

但当关羽得知刘备在袁绍处时，立即封金挂印而去，不要曹操的金子，也不要汉寿亭侯这个爵位。关羽走的时候，曹操亲自相送，还送黄金一盘，但关羽还是不接受。财富唾手可得，但关羽却一点儿都不在意。关羽不仅与敛财没有丝毫干系，相反视财富如粪土。据晋代陈寿的《三国志·关羽传》记载，曹操拜关羽"为偏将军，礼之甚厚……即表封羽为汉寿亭侯。初，曹公壮羽为人，而察其心神无久留之意……曹公知其必去，重加赏赐。羽尽封其所赐，拜书告辞"。这一历史在后世被不断地渲染夸大，明代罗贯中的《三国演义》愈发彰显关羽不计功名利禄的个性。所有这些细节，都为民间百姓所津津乐道，也为关羽后来成为财

| 浙江遂昌的关公像 |

神奠定了基础。

关羽死后，其地位越来越崇高。在《三国演义》第七十七回，写到关羽死后于当阳县玉泉山显圣，而后被佛教吸收为神灵。在明代，关羽被朝廷封为"三界伏魔大帝神威远镇天尊关圣帝君"。在民间，关公的影响有时候甚至超过孔子。因为关公讲义气，而且武艺超群，更重要的是关公可以有很多钱，民间亲切地称关公为关老爷、关财神。

在东北、华北等地流传《关公乾隆护驾被封财神》的故事中，关公被清代的乾隆册封为财神。人们还在关帝庙的门上写上"汉为文武将，清封福禄神"的对联，横批"协天大帝"。清代统治者想用关公来增加其政权的合法性，当朝者将关公看作是保驾护国的神灵。民间则更多地把关公看成是一个有财运的武将，因关羽忠义双全，武艺高超，更兼财运亨通，民间将之当作财神也不是没有根据。

二、武财神赵公明

赵公明本来是中国民间信仰中的瘟神和道教中的镇守神，元代以后，却逐渐变成了武财神。因为人们的认知与想象不断发生变化，于是神的形象也在不断发生变化，赵公明也是这样。

赵公明的名字在东晋干宝的《搜神记》卷五就出现过，说是天帝曾"以三将军赵公明、钟士季各督鬼下取人"。此时的赵公明是天帝手下一名索取人命的鬼将。南朝梁代的陶弘景《真诰·协昌期》也提到赵公明的名字："天帝告土下冢中王气

五方诸神赵公明等……不得妄为害气。"大约成书于宋代的《三教源流搜神大全》卷四记载隋文帝时的"五瘟使者"，即"春瘟张元伯、夏瘟刘元达、秋瘟赵公明、冬瘟钟士贵、总管中瘟史文业，如现之者，国民有瘟疫之疾，此为天行时病也。"在宋代，赵公明是五方瘟神之一。不过，瘟神的身份似乎并不影响赵公明高大光辉的另一面。

元代以后，赵公明逐渐成为财神。元本《新编连相搜神广记》中记载赵公明是一个道教中的镇守神："赵元帅，姓赵，讳公明，终南山人也。自秦时避世山中，精修至道……故有龙虎玄坛，实赏罚之一司。部下有八王猛将者，以应八卦也。

有六毒大神者，以应天煞、地煞、年煞、月煞、日煞、时煞也。五方雷神、五方猖兵，以应五行。二十八将，以应二十八宿。天和地合二将，所以象天门地户之阖辟。水火二营将，所以象春生秋煞之往来……"这里的赵公明封统领下属，八面威风。"赵玄坛"这一别名即出自此处，后来民间都叫他"正一玄坛龙虎赵元帅"。

除了为江西的张天师镇守玄坛，《新编连相搜神广记》记载，赵公明还要"驱雷役电，呼风唤雨，除瘟祛疟，保病禳灾。至如诉冤，能公平裁断；买卖求财，能使之宜利和合。"从此，赵公明便脱胎换骨，从瘟神转化成一个善神、财神，永镇江西的龙虎名山。

在成为财神的初期，赵公明的名声并不大，直到明代神魔小说《封神演义》之后，赵公明才真正家喻户晓、名声显赫，开始接受民众的香火。在《封神演义》第四十七、四十八和九十九回中，赵公明的形象是峨眉山的道仙，他武艺高强，被闻太师请去攻打姜子牙，因其助纣为虐，终不免一死。后姜子牙请得元始天尊，祭封神台，封赵公明为"金龙

香港啬色园的黑虎玄坛赵公明元帅

如意正一龙虎玄坛真君"，统帅招宝、纳珍、招财、利市四神，即招宝天尊萧升、纳珍天尊曹宝、招财使者陈九公、利市仙官姚少司，同时还要迎祥纳福，追捕逃亡，其神职工作十分忙碌。虽然赵公明没有被直接封为财神，但他手下的小神却掌管财富，广大民众便认为赵公明是能够招财纳宝的大财神。

在民间版画、剪纸、造像中，武财神赵公明形象威猛，黑面浓须，头戴铁冠，手执铁鞭，身跨黑虎，周围常画有聚宝盆、大元宝、宝珠、珊瑚之类，以加强财源茂盛的神奇效果。其中，"执鞭骑虎"是赵公明最为显著的特征。

赵公明是一个从瘟神和镇守神逐渐向财神转化的神灵，由于小说《封神演义》的巨大社会影响，赵公明就逐渐成了民众心目中的武财神。不过，赵公明身上的道教风格十分浓重，变成财神后，他的影响力还是无法和关公相比。因此，在武财神系列中，排第一的仍然是关公，而赵公明只能排第二。当然，赵公明作为道教人物，也受到道教财富观的深刻影响。道教强调自然无为，对财富持超然的态度，清心寡欲不贪财，这也是赵公明成为财神的一个重要原因。

三、文财神比干

比干出身贵族，也是纣王的叔父，一直忠心耿耿辅佐纣王，比干成为文财神也与明代神魔小说《封神演义》有关。

《史记·宋微子世家》中记载，比干因纣王暴虐荒淫而直言进谏，最后被纣王剖心而死。面对商纣王的昏庸无道，微子毅然选择离去，辅助西伯；箕子再三劝谏，最后惧于酷刑，佯狂为奴，为纣王所囚；只有比干"不知变通"，终遭杀身之祸。《论语·微子》记载："微子去之，箕子为之奴，比干谏而死。孔子曰：'殷有三仁焉。'"比干无疑是儒家文化人格的典范人物，他为实现自身的仁义而死，可以说是死得其所。

诚如汉代刘向在《说苑·臣术》中所言："君有过失而不谏诤，将危国家、殒社稷也。"忠言直谏关系到国家存亡，忠臣谏臣关系社稷安危。作为谏诤之臣的榜样，比干自然受到了后代帝王的尊崇。北魏孝文帝拓跋宏曾作《吊殷比干墓文》，到了唐代，比干被唐太宗正式下诏册封，封谥忠烈公、追赠太师。

在民间，这位舍生取义的"亘古第一忠臣"晋升仙班。明代神魔小说《封神演义》中，比干被封为北斗玄冥文曲星君，掌人间科考中举、福德兴庆之事，即民间的文昌帝君，或称梓潼帝君。福、禄、寿之中，禄与个人的地位、财富关系最为密切，正是由禄而财，比干成了文财神。

除此之外，比干"无心"，象征大公无私，迎合了人们对均贫富的理想社会的美好想象。民间传说纣王为狐狸精苏妲己所惑，比干想用计

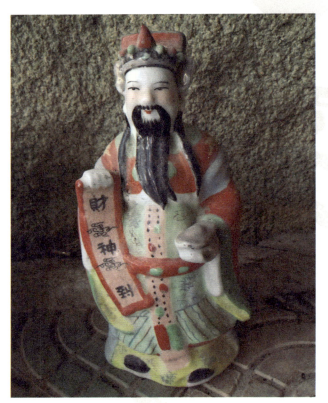

赶跑她，反遭陷害。苏妲己谎称自己老病犯了，纣王问她如何才能治好，苏妲己说："要想除根，除非用七窍玲珑的人心作药引子才行。"纣王忙问："这七窍玲珑的人心到哪儿去找？"苏妲己说："远在天边，近在咫尺。

满朝文武，就丞相比干一人长着七窍玲珑的心，只怕大王舍不得杀。"纣王回答："你是娘娘，他是臣子，只要能治好娘娘的病，别说一个臣子，就是杀一百个，朕也舍得。"于是，纣王急忙宣比干进宫。比干进宫后再次劝谏纣王，纣王哪里肯听，便命武士下手。比干道一声："慢！拿剑来。"随后解开衣襟，一剑下去，将胸腹剖开，并不见流血。比干伸手将心摘下，扔到地上，一言不发，转身出了宫门。原来，掌管封神的姜子牙早就算出比干将要大祸临头，事先已将一粒灵丹妙药送与比干，比干入朝之前先吃下了那粒药丸，故能无心而不死。比干出了午门，离开京都，来到民间，从此广散钱财，成了一位财神。因为没有心，也就没有偏心，办事公道正义，深受民众的爱戴。

比干的家乡——河南卫辉一带还流传着"玉皇大帝赐封比干财神称号"的说法。传说比干剖心后升天了，玉皇大帝怜悯他为国尽忠却无辜被害，认为比干心被挖，不会再生贪心了，就封他为

财神，因为他生前是文官，所以又叫文财神。

从这些民间传说可以看出，民众之所以封比干为财神，乃是用"无心"寓意"公平正义"，寄托了民间对财富公正平等的理想和愿望。民众十分敬爱这位文财神。民间造像中的文财神态度儒雅慈祥、白面长须，头戴宰

｜浙江遂昌财神庙中的文财神与善财童子形象｜

四、文财神范蠡

范蠡是春秋楚国宛（今河南南阳）人，被誉为"治国良臣，兵家奇才，商人始祖"，是财神谱系中经商的财神之一。他进可治国、退可齐家的人生智慧一直为民众所推崇，世人称其为"陶朱公"。

公元前494年，吴王夫差大败越国，越王勾践败逃会稽山。范蠡在这时投奔越国，献议和之策。此后，范蠡陪同勾践在吴国为奴三年，归国后与文种拟定了兴越灭吴之策，最终帮助越王一雪前耻，成就霸业，被勾践尊为上将军。但共事二十余年，范蠡深知越王不能共富贵的秉性，于是不等封赏便逃出越国，渡海去了齐国。他给昔日好友文种写信说：

相纱帽，身着蟒袍，足蹬元宝，左手执玉如意，右手捧聚宝盆，上书"招财进宝"四字。或者红光满面，衣带上写有"滴水成金"字样，底部写有"旺地生财"字样。

"飞鸟尽，良弓藏；狡兔死，走狗烹。越王为人长颈鸟喙，可与共患难，不可与共乐。子何不去？"可惜文种没有听从，最后被迫自杀。

范蠡在齐国更名改姓，与儿子在海边辛勤耕耘，几年下来就积攒了大量资产。齐王听说范蠡是个能人，便拜他为相国。范蠡却送还金印，分散家财，仅携重宝，悄悄来到陶地。范蠡认为，陶地地处天下之中，为交易有无的必经通道，在此可以致富，以为后半生的保证。他自称"陶朱公"，没过几年，又一次富甲一方，陶朱公天下闻名。关于"陶朱公"这一自号，民间还有一种说法，说他改名换姓时，想到自己是逃出来的故改姓陶，谐音"逃"；又想到自己曾

位在公爵，常着红袍，故名陶朱公。

范蠡既能治国用兵，又能齐家保身，实在是中国历史上罕见的智者。班固在《汉书·古今人表》中将范蠡列为九等人的第三等"智人"，即有智慧有谋略之人，仅在

浙江遂昌金矿供奉的财神范蠡

圣人和仁人之下。范蠡不仅善于谋略，有高超的生存智慧，还具备无与伦比的财富智慧。《史记·货殖列传》说范蠡"十九年之中三致千金，再分散与贫交疏昆弟。此所谓富好行其德者也。后年衰老而听子孙，子孙修业而息之，遂至巨万。故言富者皆称陶朱公"。范蠡能聚财又能散财，以财富为生存的手段，但不以财富为生存的目的，可谓十分健全的财富观。也许正是由于范蠡致富的天才与他对财富大彻大悟的理解，才使他成为中国民间传说与信仰中的一位极具智慧的财神。在范蠡身上，具有高明的投资意识，站得高、看得远，既追求财富，但又不被财富所累，这也正是范蠡成为文财神的最重要

原因。

五、文财神沈万三

沈万三是元末明初时期江南地区的巨富，在中国被称为"大明首富沈万三"。因为他曾为苏州百姓免费修桥铺路，并多次为苏州城的建设出资，因此在当地被称为"沈大善人"，也就逐渐发展成为江南一带民间供奉的财神，也是财神谱系中经商的财神之一。

在江浙沪一带的民间寺庙里，往往有一些题壁诗，写的就是财富与善心之间的关系，民众认为，财富易得，而善心最为难求。沈万三被民间称为"沈大善人"，也是因其善心难得。

沈万三的父亲沈佑是个非常有头脑的商人，从父亲那儿，沈万三习得了经商

的各种技能。后来沈万三又幸运地结识了苏州巨富陆德源。陆德源十分赏识沈万三的经商本领和各种善举。陆德源膝下无子，暮年看破红尘，离家出走，就将万贯家财拱手送给沈万三，这对沈万三的人生来说，可谓是锦上添花。

沈万三本是浙江湖州人，后来随父迁居江苏苏州周庄。迁居周庄后，开始展现一代富商的巨大潜能。沈万三之所以能成为明代首富，主要有三大因素。

第一是明代宽松的海外贸易政策。明朝初年还没有实行海禁，政府为增加税收，十分鼓励海外贸易。沈万三敏锐地抓住这一时代机遇，借助水路交通发达的周庄古镇，组建了一支航船队伍，进行远洋商贸，将周庄作为商品贸易流通的基地，把中国内地的丝绸、瓷器、粮食和手工艺品等运往海外，又将海外的名贵木材、珠宝、象牙、犀角、香料和药材运到国内，从中赚取巨额差价，这相当于明代的全球化贸易的商机，这一时代商机被沈万三抓住了。明代的郑

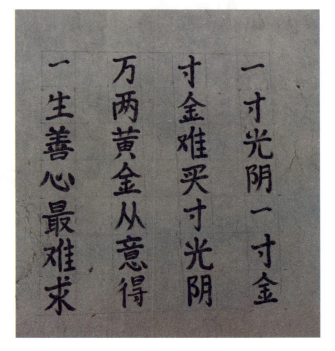

｜浙江磐安县善心与财富的题壁诗｜

和下西洋历史事件，也说明在明代中国的远洋贸易十分发达。历史学家吴晗认为，苏州的沈万三之所以能发大财，是由于进行海外贸易。沈万三的远洋贸易在当时明朝政府的政策支持下，得到迅速发展，而在其雄厚资金支撑下，海外贸易规模也如滚雪球一样越做越大。

第二是元末明初的兼并土地十分集中。元代江南的稻田耕种面积扩大，人少地多，土地高度集中。当时租佃关系盛行，沈万三借机兼并了苏南一带的大量土地，广置田宅，从事农耕养殖，而明代的苏州一带，一直是中国最为富庶的地区之一。

第三是广泛从事各类商业活动，并从事放高利贷这样的追逐高利润活动。元代是高利贷鼎盛时期，富有商业头脑的沈万三自然也不会放过这一巨大敛财机会，广放高利贷，从而获得大笔财富。与历代重农抑商传统不同的是，元朝统治者比较注重商业，并出台了许多有利于商业发展的措施，这些都促进了元代商品经济的进一步发展。在这样宽松的经商环境下，沈万三迅速抓住时机，在全国各地开办商铺，从粮铺到酒楼、当铺、银号等，涉足行业非常广泛。

但是沈万三的不幸，在于遇到了明代开国皇帝朱元璋。

当年，朱元璋准备在南京建都，但由于战事频繁，根本没钱修城墙。沈万三认为这是一次向皇帝示好的机会，于是主动请命，负责修筑聚宝门至水西门一段。沈万三不惜重金，聘请一流营造工匠，还整天在工地蹲点，保证施工质量。在沈万三的努力下，这段城墙修建完毕，沈万三的财力在当时已出乎朱元璋的意料之外。

后来，沈万三居然提议拿出百万两黄金代替皇帝犒赏三军。朱元璋听后龙颜大怒，认为皇帝的军队不需要一个商人犒赏，沈万三的好意居然被认为是收买军心的犯上之举，于是朱元璋下令将沈万三斩首。幸亏宅心仁厚的马皇后为沈万三说好话，认为沈万三修建都城，没有功劳也有苦劳，即便有犯上举动，也是无心之为，不如从轻发落。朱元璋听了皇后的话，于是留了沈万三一条命，但是下令没收

沈万三的所有家产，并将他全家发配云南充军。

举家迁往云南后，沈万三并没有一蹶不振，而是利用茶马古道，将江南一带的丝绸等特产运到云南，继续经商，商机不断，但规模与财富效应都不能与周庄时期相比，最后明代巨商沈万三客死他乡。所以在民间，民众十分同情沈万三，他作为一个平民，在元明时期的政策空间下，能有这样的财富创造，也算是一代巨商了。

六、其他财神

中国还有其他类型的财神，如五路财神、准财神刘海、土地财神等。

文武财神都是民间的正财神，在正财神之外还有偏财神。民间认为偏财神是专司横财的，民间称为"发横

财"。如旧时上海的赌场就供奉五路财神，因为场主笃信"马无夜草不肥，人无横财不富"的发财经。中国民间的偏财神一般是指被称为"五路神"的财神。其中的五路是指东西南北中五方，意为出门有五路神保佑可以得好运，发大财。但究竟何谓"五路"，民间的解释各不相同。

有一种说法认为，五路神是指南朝梁陈时顾野王的五个儿子，死后封为五显身，讹为五路神。顾野王曾抵抗侯景之乱，正是出于对顾野王的怀念，人们爱屋及乌，将感激之情转移到他的五个儿子身上，为之建祠。

近代以来，民间传说的五路财神不是顾野王之五子，而是五位结拜兄弟，分

别为《封神演义》中的赵公明及其四位义兄弟。除了中路为武财神赵公明外，其余四路分别为东路财神招宝天尊萧升、西路财神纳珍天尊曹宝、南路财神招财使者陈九公、北路财神利市仙官姚少司。这可能是受到了五行观念的影响，拜五路财神，就是收尽东南西北中五方之财的意思。每年正月里的祭财神，也寄托了中国劳动人民一种辟邪除灾、迎祥纳福的美好愿望。

除了以赵公明及其四名部下为五财神以外，近代民间还盛行供奉五位家内神灵为五路神的习俗，这五位神灵是：土地爷、马王爷（或牛王爷）、仙姑、财神爷和灶王爷，财神只是五路财神中的一位。

|浙江萧山戴村镇五路财神殿中的其中一位财神|

五路财神也是民间吉庆年画中常见的形象，他们深受人们的爱戴和崇拜。在江浙沪一带，每年正月初五是五路财神的生日。为了抢先接到财神，商家多在正月初四的晚上举行迎神仪式，准备好果品、糕点及猪头等祭祀用品，请财神喝酒。届时，主人手持香烛，分别到东南西北中五方财神堂接财

神，五位财神接齐后，挂起财神纸马，点燃香烛，众人顶礼膜拜，拜罢，将财神纸马焚化。

到了正月初五凌晨，人们抢先打开大门，敲锣打鼓，燃放鞭炮，向财神表示欢迎。接过财神，大家聚在一起吃路头酒，直吃到天亮开门营业，据说可保一年"生意兴隆，财源茂盛"。清代蔡云《吴觎》一诗中有生动的描述："五日财源五日求，一年心愿一时酬。提防别处迎神早，隔夜匆匆抢路头。"所谓"抢路头"即抢接五路财神，人们个个争早放头通鞭炮，以此祈盼发家致富。

另外，偏财神还有貔貅，它看上去像是一只蛤蟆，但是它有嘴无肛门，能吞万物而从不吐出，相当于可以不

断地吃进财富，越积越多。许多商人在店铺中都供奉貔貅，期待财富只进不出。

另外，刘海这位神仙在道教谱系中虽并未得财神的封号，但他能为人们带来财运，人们就将其作为财神看待，而且是一位最具代表性的"准财神"。

刘海是一个悟道后弃财富归山的道士，本与财神无缘，刘海成为财神或许是源于民间对其道号——海蟾子的误解和讹传。民间传说中常将刘海蟾说为刘海，蟾就成了这位仙人的"宠物"。蟾即蟾蜍，在中国文化中有着非常丰富的象征意味。蟾蜍相貌丑陋，分泌物有剧毒，接触不当会对人体有害，被列为五毒之一。但蟾蜍的分泌物蟾酥却具有强心、镇痛、

止血等对人有益的作用。《太平御览》引《玄中记》云："蟾蜍头生角，得而食之，寿千岁，又能食山精。"当时人们把蟾蜍当成了"避五病、镇凶邪、助长生、主富贵"的吉祥物，是有灵气的神物。刘海是以"蟾"为道号而闻名，又以"刘海戏金蟾"的传说被抬上了财神的宝座。

"刘海戏金蟾"的故

事在民间广为流传。相传常德城内丝瓜井里有金蟾，经常在夜里从井口吐出一道白光，直冲云霄，有道之人乘此白光可升入天堂。住在井旁的青年刘海，为人厚道，事母至孝，但家贫如洗。他经常到附近的山里砍柴，卖柴买米，与母亲相依为命。一天，山林中有一只修炼成精的狐狸，幻化成美丽俊俏的姑娘胡秀英，拦住刘海的归路，要求与之成亲。婚后，胡秀英欲助刘海登天，她吐出一粒白珠，让刘海做饵子，垂钓于丝瓜井中。那金蟾咬珠而起，刘海乘势骑上蟾背，纵身一跃，羽化成仙而去。后人为纪念刘海行孝得道，在丝瓜井旁修建了蟾泉寺，并供有刘海神像。

刘海被看作仁慈之神，他和胡秀英传奇的爱情故事在各地都有流传，深受人们的喜爱。湖南花鼓戏《刘海戏金蟾》和《刘海砍樵》就是取材于这一故事。此外，刘海戏金蟾还大量出现在民间年画和剪纸中，历代画家也有不少这一题材的佳作传世。在这些作品中，刘海皆是手舞足蹈、喜笑颜开的顽童形象，他头发蓬松，额前垂发，手舞钱串，一只三足大金蟾叼着钱串的另一端，做跳跃状，充满了喜庆、吉祥的气氛。

再说刘海所戏的那金蟾并非一般蟾蜍，而是三足大金蟾，举世罕见。金蟾被看作是一种灵物，古人认为得之可以致富，这是刘海被塑造成财神的主要根据。民间还流传着刘海收服金蟾的故事。传说吕洞宾弟子刘海禅师功力高深，喜欢周游四海，降魔伏妖，布施造福人世。后来，他降服了长年危害百姓的金蟾妖，在这个过程中金蟾受伤，断了一脚，所以日后只剩三只脚。自此金蟾臣服于刘海禅师门下，为求将功赎罪，金蟾使出绝活儿咬进金银财宝，助刘海禅师造福世人，帮助穷人，所以后来被人们当作旺财瑞兽。

刘海戏金蟾，金蟾吐金钱，故民间有"刘海戏金蟾，步步钓金钱"或"刘海戏金钱"的俗语。他走到哪里，就把钱撒到哪里，救济了不少穷人，刘海因此被视为钓钱散财之神，具有仁义之心，因此在民间备受欢迎。

另外，在中国很多地方，财神的形象与土地神的形象

很接近。财神庙往往与土地庙放在一起，或者合二为一。如土地庙里有财神，或者财神庙里有土地神。这说明，财神发展到后来，越来越本土化，也更加生活化。在香港的九龙区，财神与土地神都是合在一起的，叫作门口

土地财神。

需要说明的是，中国的土地神与道德有着密切的关联。在福建等地，土地神也被称为"道德正神"，因为土地生长万物，对人类有养育之功。因此人们也是从道德的角度尊敬土地神。由此可见，土地神和财神在中国文化中，都是与道德关联在一起的。

如实汇报的灶神

| 如实汇报的灶神 |

一、女性灶神

灶神在中国有许多不同的称呼，如老妇、灶王爷爷、灶王奶奶、灶公、灶母、东厨司命、灶王菩萨等。每逢腊月二十三，即中国的小年夜，家家户户都要在灶台上摆上糖瓜、汤圆一类的甜食或者米酒等供品，恭送灶王爷上天向玉皇大帝汇报过去一年这户人家的所作所为。

中国对灶神的信仰历史悠久，早在先秦时代就已产生，当时是五祀之一。一般认为，灶神起源于原始的火崇拜。对原始人来说，一个燃烧的火堆，便是他们的灶。因此，火神就很容易与灶神混合在一起。当野外的火被人们引入居室，改进为火塘乃至搭起炉灶后，原本因对自然力的崇拜而生的火神，就演变成了人类居住空间里司灶火的灶神。但是在古代的文献中，最初火神多是以女性的形象出现。如北宋李昉《太平御览》卷五二九引东汉许慎《五经异义》云："灶神祝融，是老妇。"这里明确说灶神祝融就是老妇的女人形象。南宋卫湜《礼记集说》卷四十一则记载："孔氏曰：'案少牢及特牲礼，皆灶在庙门外之东西面北上。'郑注：……此配灶神而祭者，是先炊之人。《礼器》云：'灶者，老妇之祭'。"

这一则记载也说明，灶头是老年妇女主祭的地方。祭灶或祭火的仪式由年长的妇女来担任主祭。因为灶与炊事紧密关联，在古代传统社会，女性在家庭的性别分工，主要就是执掌炊事，也就是烧菜做饭，因此，最早的灶神为女性形象也就可以理解了。

到了东汉以后，道教经典中的灶神就变成了种火老母，也是女性的形象。《正统道藏》洞玄部《本文类》中有一部《太上灵宝补谢灶王经》中记载：昆仑山上的种火老母独自一人，能上通天界，记录人间善恶，并禀告上天，决定凡人寿夭。种火老母肩负着司火与督察每家每户善恶祸福的双重职责。不过，灶神是女性的形象主要停留在文献上的描述，在实际的民众生活中，灶神的女性形象是与男性灶神混合在一起的。在古代的文献中，火神祝融几乎是一个双性人的形象，即女性形

| 山东潍坊杨家埠木版年画的三层灶神，中为夫妻灶神，上下为男性灶神 |

象与男性形象的混合。

随着后来儒家文化与男权占据绝对主导地位，灶神作为"炊母神"的形象逐渐褪去。汉代以后，灶神基本已固定为男性形象，女灶神只留下了一个"状如美女"的模糊想象，或者作为男性灶神的配偶"灶王奶奶"而伴其左右。再到后世，女性失去了正统意义上的参加祭灶仪式的资格，民间谓之"女不祭灶"，而宋代范成大《祭灶词》中"男儿酌献女儿避"，说的也是这回事。

二、男性灶神

在古代文献中，中国的男性灶神形象多以炎帝、黄帝、祝融、东厨司命、灶王爷等形象出现，但在民众实际的生活中，更多的是以东厨司命、灶王爷的男性形象

出现。

《淮南子》卷十三《氾论训》记载："故炎帝于火，死而为灶。"高诱注："炎帝，神农，以火德王天下。死，托祀于灶神。"这里说的是以炎帝为灶神的习俗。

明代冯应京《六家诗名物疏》卷四十一引《淮南子》："黄帝作灶，死为灶神。"这里说的是以黄帝为灶神的习俗。

东汉应劭《风俗通义》卷八《祀典》引古《周礼说》："颛顼氏，有子曰黎，为祝融，祀以为灶神的习俗。"这里说的就是祝融为灶神，祝融在中国神话中也是火神，因为要烧火才能做饭，所以祝融作为灶神也是顺理成章的。

孔颖达注释《礼记·礼

器》："颛顼氏有子曰黎，为祝融，祀以为灶神。"

灶神以东厨司命出现，则是受到道教的影响，也是男性的形象。在道教的《灶君诰》中有相关记载：

"命承北斗，位镇东

厨……一家之主，五祀之尊。司喉舌于北斗之中，察善恶于东厨之内。赐福赦罪，移凶化吉。安镇阴阳，保佑家庭。何灾不灭，何福不增。有求皆应，无感不通。大悲大愿，大圣大慈，九天东厨司命灶王府君，元皇定国护宅天尊。"

清代的《敬灶全书·真君劝善文》中的灶神也是东厨司命的男性形象：

"受一家香火，保一家康泰，察一家善恶，奏一家功过。每逢庚申日，上奏玉帝。终月则算，功多者，三年之后，天必降之福寿。过多者，三年之后，天必降之灾殃。"

另外，在先秦时期，还有灶神为貌若美女的男性神的说法。《庄子·达生》中

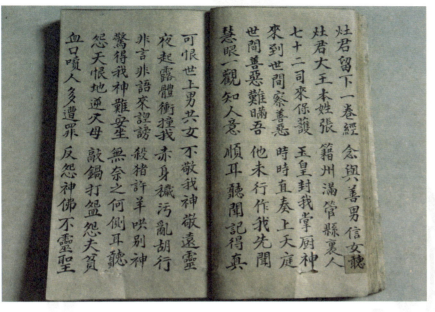

| 浙江磐安高二乡民间的灶君经手抄本记载男性灶神姓张 |

就有"灶有髻"的记载。西晋时司马彪注说："灶神，其状如美女，著赤衣，名髻也。"司马彪认为灶王爷是一位身穿赤衣、貌似美女的男神。这种观点在唐代文人段成式的笔记小说《酉阳杂俎》中得到了继承和发展。书中记载灶王爷姓张名单，字子郭，状如美女。

传说张单家境富裕，但薄情寡性，是一个浪荡子。他曾娶贤淑女子丁香为妻，后来又抛弃丁香，续娶美貌女子李氏为妻。李氏虽然貌美，但好吃懒做，不久便把张家财产挥霍一空，后又改嫁他人。张单家境败落后又不幸遭遇火灾，致使双目失明，最后沦为乞丐。有一天，他乞讨到一户人家门前，主人给了他一碗热汤面。张单

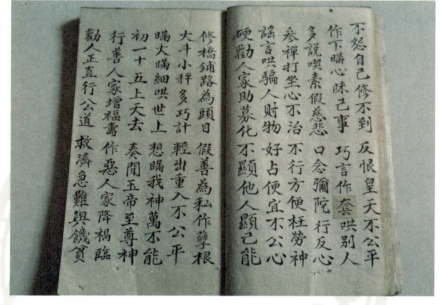

浙江磐安高二乡民间的灶君经手抄本

听出是前妻丁香的声音，羞愧难当，一头撞死在门前，后来被姜太公封为灶王。这正如民间流传的俗语所说："灶王爷本姓张，摇摇摆摆下了乡。白天吃的油盐饭，晚上喝的烂面汤。"

民众的想象十分可爱，由此也可见民众有时候对灶神张单也有一些调侃的文化心理。张单虽然做了灶神，但平时道德层面做得不够好，因此就会被反复调侃，这还是从道德层面上评论神灵。

在浙江磐安高二乡民间收藏的灶君经手抄本中，有这样的诗句："瞒大瞒细哄世上，想瞒我神万不能。初一十五上天去，奏闻玉帝至尊神。行善人家增福寿，作恶人家降祸临。劝人正直行公道，救济急难与饥贫。"诗中强调灶神一月两次的神灵汇报制度，而且是如实汇报，只有这样，才能做到善恶分明，公正公平。

三、夫妻灶神

在中国，最常见的灶神其实是以夫妻身份出现的夫妻灶神，一般民间称为"灶王公""灶王婆"或者"灶王爷""灶王奶奶"。隋代杜台卿《玉烛宝典》引《灶书》称："灶神，姓苏，名吉利，妇名搏颊。"这里说的就是夫妻灶神，因为男灶神是苏吉利，苏吉利的妻子就是搏颊，名字听起来十分古怪，可见，到了父系社会以后，中国的灶神就变成了以男性为中心，女性则成为一个陪衬。

明末清初方以智《通雅》卷二十一《姓名》"郭禅灶神条"则记载："灶神名禅，字子郭……元瑞云：灶神姓张名单，字子郭，夫人字卿忌。一曰灶神名壤子。"这里则认为男灶神是张单，而女灶神是他的妻子卿忌，也是以夫妻成双成对的形象出现。

在民间供奉的灶神往往是一对老夫妇并排坐在一起的形象，男左女右，即灶王爷在左边，也就是在东面，

| 年画中的夫妻灶神 |

灶王奶奶在右边，也就是在西面，看上去非常像土地公公与土地婆婆。民间传说灶王爷是玉帝的女婿，有一年，玉帝派王母娘娘到人间视察民情，玉帝的小女儿在天上待久了觉得闷，也跟随母亲下到了凡间。她看到民间百姓的疾苦，非常同情，同时又看到人间有那么多的恩爱夫妻，也心生向往。后来她看上了一个给人烧火帮灶的小伙子，觉得他勤劳、善良、朴实，于是决定留在凡间和他一起生活。玉帝知道后非常生气，便把小女儿贬下凡间，不许其再回天庭。王母娘娘心疼女儿，百般求情，玉帝才勉强答应给那个烧火的穷小子一个灶王的职位。从此，人们就称那个"穷烧火的"为灶王爷，而玉帝的

小女儿就是灶王奶奶了。

随着社会的变化和男女平等意识的深入人心，女性也可以祭灶神。所以《京都风俗志》中说，祭灶时，男子先拜，妇女次之，也就是说女性也可以祭灶神，因此灶神后来就变成了男女两性共同出场的灶神形象。

四、灶神的道德功能

春节是中国人最大的民俗节日，持续时间最长，从农历腊月二十三到正月十五，长达 22 天。春节最能表现中国人的信仰与传统道德教育，是中国人劝人为善做好事的最大的道德节日。因为腊月二十三这天是祭灶日，民间说腊月二十三是小年，而灶王爷会在小年这天上天庭向玉皇大帝汇报他所在人家一年的善恶，以

定赏罚功过。送灶日，北方多在腊月二十三，南方多在腊月二十四。也有所谓"官三民四"的说法，意为官府在二十三日，一般民家在二十四日。

从民间文化上说，春节从农历腊月二十三就开始了，这一天，中国的汉族人要在家里祭拜灶神，很多地方都在灶头上供上一些甜的食物，如汤圆、甜酒等，就是想让灶神吃饱了，好在天上美言几句。宋代孟元老《东京梦华录》卷十《十二月》记载："二十四日交年，都人至夜请僧道看经，备酒果送神，烧合家替代钱纸，帖灶马于灶上，以酒糟涂抹灶门，谓之醉司命。"这里就是请灶神喝酒，最好希望灶神喝醉，这样就可以过了年

关的考核。

孟元老提到的"灶马"是灶神上天汇报的交通工具。明代冯应京《月令广义》卷二十《十二月令·日次》记载："二十四日，燕城俗，刻马印为灶马，市民竞誓，焚之灶前，为送灶君上天。"也就是说，在北方燕城一带，民众认为灶神上天乘坐灶马这样的交通工具，而且事先要把买来的纸做的灶马烧掉，象征着灶神上天了，这也是一种文化想象。

年画中的夫妻灶神在农历腊月二十三日上天汇报

人们对灶神的期盼是"上天言好事,下界降吉祥",而灶神上天的职责是如实汇报。因此人们就想出各种办法,想让灶神在天上多说好话。所谓年关难过,一般人认为是欠钱的经济上的问题,其实,年关难过的真正意义是道德上的。就是只有行善积德的人家,灶神才会在天上向玉皇大帝如实汇报这户人家的善事,而如果是做了坏事的人家,灶神也是如实汇报。玉帝根据性质不同的汇报,决定送不送福神来这户人家。因此,"过年"实际上是中国人的道德意义上的年度考核,家家户户都要接受考核。

由于家家户户的灶神都要在"小年"这日上天汇报,所以天上就会很拥挤,灶神还要在天上排队，排队时间长达七天，这就是中国人对过年的时间想象。清代吴曼云《江乡节物词》云："迎神薪突正衣冠，灶马纷纷乍解鞍。来复只须占七日，笑他人说上天难。"说的就是七天的期限。

到了第七天，就是大年三十，汇报也结束了，根据汇报的结果，天上的玉皇大帝要进行"年度考核"。只有去年做了善事的人家才会有福神下凡来，保佑这户人家。而过去的一年，如果这户人家做了许多坏事，那么福神就不可能来这一户人家，这就是中国人的传统道德教育。用《易经》上的话说，这叫"积善之家，必有余庆。积不善之家，必有余殃"，说的就是只有道德高尚、爱帮助别人的人家才会有福神保佑，才会过上美好的生活，而不讲道德、整天做坏事的人家就不会有福神，也不可能有美好的生活。

中国人过年，最重要的事情就是请福神到家里来。中国有一个成语叫"迎春接福"或者"迎春纳福"，说的就是大年三十这一天请福神。福神不是单独从天上下来的，陪伴福神一起下来的还有上天汇报的灶神，另外还有一个神，它的名字叫天官，在传统文化中，这叫"天官赐福"。所以大年三十晚上有三个神从天上下来，这就是中国人的信仰。现代作家鲁迅也在《送灶日漫笔》一文中说："灶君升天的那日，街上还卖着一种糖，有柑子那么大小，在我们那里也有这东西，然而扁的，像一个厚厚的小烙饼。那就是所谓'胶牙饧'了。本意是在请灶君吃了，粘住他的牙，使他不能调嘴学舌，对玉帝说坏话。"

图书在版编目（ＣＩＰ）数据

门神、财神与灶神 / 宣炳善编著；黄景春本辑主编
. -- 哈尔滨：黑龙江少年儿童出版社，2021.10（2022.7 重印）
（记住乡愁：留给孩子们的中国民俗文化 / 刘魁立
主编. 第十辑，民间信俗辑）
ISBN 978-7-5319-7295-2

Ⅰ．①门… Ⅱ．①宣… ②黄… Ⅲ．①神－信仰－民
间文化－中国－青少年读物 Ⅳ．①B933-49

中国版本图书馆CIP数据核字(2021)第179003号

记住乡愁——留给孩子们的中国民俗文化　　　　刘魁立◎主编

第十辑 民间信俗辑　　　　　　　　　　　　黄景春◎本辑主编

门神、财神与灶神 MENSHEN CAISHEN YU ZAOSHEN　　宣炳善◎编著

出版人：张 磊
项目策划：张立新 刘伟波
项目统筹：华 汉
责任编辑：张小宁
整体设计：文思天纵
责任印制：李 妍 王 刚
出版发行：黑龙江少年儿童出版社
　　　　　（黑龙江省哈尔滨市南岗区宣庆小区8号楼 150090）
网　　址：www.lsbook.com.cn
经　　销：全国新华书店
印　　装：北京一鑫印务有限责任公司
开　　本：787 mm×1092 mm　1/16
印　　张：5
字　　数：50千
书　　号：ISBN 978-7-5319-7295-2
版　　次：2021年10月第1版
印　　次：2022年7月第3次印刷
定　　价：35.00元